O QUE É LITURGIA?

Coleção **CELEBRANDO A FÉ E A VIDA**

Coordenação: Pe. Gregório Lutz

- *Elementos fundamentais do espaço litúrgico para a celebração da missa (Os)*, José Ariovaldo da Silva
- *Eucaristia, família de Deus em festa*, Gregório Lutz
- *História geral da liturgia: das origens até o Concílio Vaticano II*, Gregório Lutz (org.)
- *Iconografia na Igreja Católica (A)*, Almir Flávio Scomparim
- *Liturgia, de coração: espiritualidade da celebração*, Ione Buyst
- *O que é liturgia?*, Gregório Lutz
- *Preparando passo a passo a celebração*, Luiz Eduardo Pinheiro Baronto

Pe. Gregório Lutz

O QUE É LITURGIA?

*A natureza da liturgia à luz da constituição
sobre a Sagrada Liturgia do Concílio Vaticano II*

SACROSANCTUM CONCILIUM

PAULUS

Direção editorial: *Claudiano Avelino dos Santos*
Editoração, impressão e acabamento: PAULUS

 Seja um leitor preferencial **PAULUS**.
Cadastre-se e receba informações
sobre nossos lançamentos e nossas promoções:
paulus.com.br/cadastro
Televendas: **(11) 3789-4000 / 0800 16 40 11**

1ª edição, 2003
5ª reimpressão, 2019

© PAULUS – 2003
Rua Francisco Cruz, 229 • 04117-091 – São Paulo (Brasil)
Tel.: (11) 5087-3700
paulus.com.br • editorial@paulus.com.br
ISBN 978-85-349-2053-7

INTRODUÇÃO

No dia 4 de dezembro de 2003 festejamos os 40 anos da Constituição sobre a sagrada liturgia *Sacrosanctum Concilium*,* o primeiro documento promulgado pelo Concílio Vaticano II (1962-1965).

A *Sacrosanctum Concilium* é e será ainda por muito tempo o primeiro e principal documento de referência para a nossa liturgia. Ela orientou a reforma litúrgica desencadeada pelo Concílio Vaticano II e deve orientar-nos em todos os esforços por uma liturgia autêntica, sobretudo para uma renovação do espírito com que celebramos. Infelizmente muitos dos católicos continuam vivendo ou voltam-se de novo para uma mentalidade pré-conciliar, tridentina e medieval.

Por isso foi oportuno que por ocasião do 40º aniversário da Constituição sobre a liturgia retomássemos o estudo de seus princípios teológicos para celebrar os ritos litúrgicos que a partir dela foram reformados, com o espírito que está na sua base.

Com este intuito foi publicada pela Conferência Nacional dos Bispos do Brasil, em 2002, "A Sagrada Liturgia - Edição didática popular comemorativa dos 40 anos do 1º documento do Concílio Vaticano II".

Certamente a parte mais importante da *Sacrosanctum Concilium* é seu primeiro capítulo, sobretudo aquilo

* Abreviação: SC.

que o Concílio diz sobre a natureza da liturgia (artigos 5 a 13). Apresentam-se neste livrinho reflexões feitas a partir das afirmações fundamentais desta parte, elaboradas como entrevistas concedidas para o programa "A Igreja no Rádio" da Milícia da Imaculada, transmitido atualmente por 118 emissoras de rádio pelo Brasil afora. A forma de entrevista foi mantida, já que ela condicionou as reflexões e pode facilitar a leitura e compreensão também do texto impresso.

Esperamos que estas explicações das afirmações básicas teológico-litúrgicas da *Sacrosanctum Concilium*, também na sua forma de livro, possam ser incentivo e ajuda para muitos a se embeberem do espírito autêntico da liturgia e a celebrarem e viverem com mais alegria e frutos de santidade, de justiça e amor o mistério da nossa salvação.

I
Os objetivos da reforma litúrgica do Concílio Vaticano II

1. Em 1962, começou o Concílio Vaticano II. O primeiro documento que os bispos no Concílio discutiram e aprovaram, era a constituição sobre a liturgia. Qual era o objetivo deste documento?

Quando o papa João XXIII anunciou o Concílio, ele disse que esta assembleia dos bispos do mundo inteiro deveria trazer para a Igreja um "aggiornamento". Esta palavra italiana significa "pôr em dia". O Concílio devia, portanto, colocar a Igreja em dia. Se isso já era necessário para a Igreja como um todo, em todas as suas atividades, quanto mais para a liturgia. Esta tinha sido fixada de uma maneira uniforme para o mundo todo, sobretudo depois do Concílio de Trento, que se realizou no século XVI. Nos 400 anos que tinham passado desde então, a liturgia, como muita coisa na Igreja, tinha ficado imóvel, sem adaptação alguma às novas circunstâncias da vida e das culturas, que tinham sofrido mudanças importantes durante estes quatro séculos passados. Por isso, uma adaptação da Igreja e de sua maneira de ser e agir, particularmente na liturgia, à nova situação da humanidade do século XX, era realmente importante e urgente.

2. O senhor poderia citar um texto que exprima claramente esta intenção do Concílio de adaptar a liturgia à época moderna?

Logo no início do documento sobre a liturgia lemos: "O sacrossanto Concílio propõe-se fomentar sempre mais a vida cristã entre os fiéis; acomodar melhor às necessidades de nossa época as instituições que são suscetíveis de mudanças; favorecer tudo o que possa contribuir para a união dos que creem em Cristo; e promover tudo o que conduz ao chamamento de todos ao seio da Igreja. Por isso julga ser seu dever cuidar de modo especial da reforma e do incremento da liturgia" (SC 1). Mais tarde, no mesmo documento, os bispos declararam: "A liturgia consta de uma parte imutável, divinamente instituída, e de partes suscetíveis de mudança. Estas, com o correr dos tempos, podem ou mesmo devem variar, se nelas se introduzir algo que não corresponda bem à natureza íntima da própria liturgia, ou se estas partes se tornarem menos aptas" (SC 21).

3. *De fato, nestes textos o Concílio diz claramente que a liturgia pode e deve ser adaptada à época moderna. Mas ele se pronunciou igualmente sobre a adaptação aos diversos povos e suas culturas?*

Também a esta pergunta eu gostaria de responder lendo um texto do Concílio mesmo. "A Igreja não deseja, declaram os bispos, impor na liturgia uma forma rígida e única para aquelas coisas que não dizem respeito à fé ou ao bem de toda a humanidade. Antes, cultiva e desenvolve os valores e os dotes de espírito das várias nações e povos. O que quer que nos costumes dos povos de fato não esteja ligado indissoluvelmente a superstições e erros, examina-o com benevolência e, se pode, o conserva intacto. Até, por vezes, admite-o na própria liturgia, contanto que esteja de acordo com as normas do verdadeiro e autêntico espírito litúrgico" (SC 37).

Se queremos agora resumir o que o Concílio declarou ser seu objetivo com respeito à liturgia, podemos dizer que ele quis reformar e incrementá-la para que os cristãos da época atual a pudessem celebrar nas diversas partes do mundo em sua situação concreta e na sua própria cultura.

II
A liturgia — um momento da história da salvação

1. *Na liturgia fazemos memória da morte e ressurreição de Jesus e de toda a história da salvação. A liturgia comemora apenas a salvação ou ela mesma é também um momento desta história?*

Ninguém duvida de que a liturgia seja memória da obra da salvação, pela qual Deus redimiu o mundo. Isso vale não apenas para a missa e para esta como celebração da morte e ressurreição do Senhor, mas diz respeito a toda a história de Deus com os homens, desde a criação do mundo até a última vinda do Senhor na glória, que será o fecho definitivo da história. De fato, na liturgia, sobretudo na missa, lembramos todos os grandes feitos de Deus, como são descritos na Bíblia no Antigo e no Novo Testamento e proclamados nas celebrações litúrgicas, precisamente para nos lembrar a ação de Deus em favor da humanidade. Mas não só pela palavra proclamada, e sim também pelos gestos e ritos das diversas celebrações nos é lembrado o que Deus fez e faz em nosso favor, para a nossa salvação. Assim é claro que a liturgia é memória da história da salvação.

2. *Tudo bem; mas fica a pergunta: A liturgia é também ela mesma história da salvação, um momento dela?*

Já a história de Israel no Antigo Testamento era uma história diferente da história dos outros povos. Israel era um povo especialmente escolhido por Deus, era uma propriedade particular de Javé. Por meio deste povo Deus quis preparar o mundo para receber seu Filho divino como homem. Apesar de todas as infidelidades deste povo, havia em Israel, sobretudo pela sua religião, um ambiente em que Jesus podia proclamar o Evangelho do Pai do céu e do seu amor para com a humanidade; podia também revelar que ele mesmo era o Filho de Deus, igual ao Pai em tudo na sua divindade. Que Deus é amor, Jesus revelou não apenas pela sua pregação, mas igualmente pelo bem que fez a todos durante sua vida na terra e especialmente pela sua paixão e morte, que foram recompensados pela sua ressurreição e a elevação à direita do Pai.

3. *A história da salvação não terminou com a Páscoa de Jesus. Como ela continuou?*

Ela continuou com o envio do Espírito Santo, que para o evangelista São João aconteceu na morte de Jesus. O quarto Evangelho diz que Jesus morreu na cruz, entregando o espírito. Isso significa à primeira vista simplesmente que ele morreu. Mas sabemos que o evangelista São João, geralmente mediante uma afirmação simples e óbvia quer expressar também uma verdade mais profunda, espiritual, salvífica; no caso, Jesus enviou ao morrer, o Espírito Santo, para, por ele, continuar presente no mundo e levar a efeito sua obra de salvação.

Portanto, na morte de Jesus nasceu a Igreja, que, conforme nos diz o documento do Vaticano II sobre a liturgia, no "dia de Pentecostes apareceu no mundo" (SC 6). Já assim podemos concluir que na Igreja, sobretudo nos seus sacramentos e em toda a liturgia, a história da salvação continua no sentido de que agora a obra salvífica de Cristo é levada a efeito naqueles que creem em Cristo, mas também em toda a humanidade. Isso vale dizer que a liturgia é o momento atual da história da salvação.

III
Na liturgia é levada a efeito a obra da salvação

1. *Pela sua morte e ressurreição Jesus salvou o mundo. Mas somos realmente salvos? A obra de Cristo era completa, perfeita? Ou faltou alguma coisa?*

A obra de Cristo era perfeita e completa da parte dele. Ele fez tudo o que podia e devia fazer para nos salvar. Mas a obra salvífica de Cristo ainda não alcançou seu pleno efeito nas pessoas humanas e no mundo. Para entendermos bem o que faltou para sermos realmente salvos, eu gostaria de citar, num primeiro momento, um texto da constituição do Concílio Vaticano II sobre a liturgia. Ali lemos: "Como Cristo foi enviado pelo Pai, assim também ele enviou os apóstolos, cheios do Espírito Santo, não só para pregarem o Evangelho a toda criatura... mas ainda para levarem a efeito o que anunciavam: a obra da salvação através do sacrifício e dos sacramentos, sobre os quais gira toda a vida litúrgica" (SC 6).

2. *A missão de Cristo continua, portanto, na Igreja, particularmente na liturgia. Mas o que acontece de salvífico na Igreja e na sua liturgia? Como se leva na liturgia a salvação a efeito?*

Podemos de novo recorrer ao documento do Concílio Vaticano II sobre a liturgia. Ele explica a finalidade da presença de Cristo na Igreja basicamente com a frase: "Para levar a efeito obra tão importante (que é a obra da salvação do mundo), Cristo está sempre presente em sua Igreja sobretudo nas ações litúrgicas" (SC 7). As palavras iniciais desta frase: "Para levar a efeito", nos dizem porque Cristo está presente na Igreja e particularmente na liturgia. Mas penso que se possa explicar, ainda mais e melhor, em que consiste este "levar a efeito", já que a obra salvífica de Cristo era perfeita.

Vou usar uma comparação: Deus quis consertar o mundo estragado pelo pecado. Mas ele quis levar em conta que as pessoas são seres livres, e não objetos ou bonecos. Por isso, ele não quis consertar o mundo estragado como se conserta uma boneca ou um carro. Se meu carro tem um problema e eu levo o carro à oficina para o conserto, o mecânico não vai perguntar ao carro se ele quer ser consertado. Se ele tem certeza de que as peças necessárias e o seu trabalho serão pagos, ele conserta o carro. Mas Deus não quis proceder assim com a humanidade pecadora. Ele quis respeitar a liberdade de cada um de nós e nos perguntar se queremos ser redimidos, reconciliados com Deus, se queremos aceitar o que Jesus fez por nós na sua morte e ressurreição. Se nós aceitamos, a obra de Jesus tem em nós o seu efeito.

3. E Deus nos fez esta pergunta?

Quando Jesus completou sua obra salvífica morrendo na cruz, ele não nos podia perguntar, porque não estávamos presentes. Por isso, ele torna, por assim dizer, na liturgia, sobretudo na missa, sua cruz presente para nos perguntar se aceitamos aquilo que ele fez para nos salvar do pecado e da morte. Ouvindo esta pergunta nas celebrações litúrgicas e dando uma resposta afirmativa, somos reconciliados com o Pai, somos salvos. Só que nossa resposta durante nossa vida nunca é definitiva, porque podemos de novo, pecando, dizer um não a Deus. Por isso devemos sempre renovar este nosso sim a Deus e sua obra em nosso favor, até que diremos um sim definitivo na hora da nossa páscoa definitiva, na hora da morte.

IV
A presença de Jesus Cristo na Eucaristia

1. *Na liturgia, especialmente na Eucaristia, leva-se a efeito a obra da salvação. Pela sua morte e ressurreição Jesus nos salvou, mas nós devemos aceitar, fazer nosso o que ele fez por nós. Assim se realiza em nós a salvação. Podemos fazer a nossa parte pelas nossas próprias forças: aceitar, fazer nossa a redenção?*

A constituição do Concílio Vaticano II sobre a liturgia nos diz que "para levar a efeito obra tão importante (que é a obra da salvação), Cristo está sempre presente em sua Igreja, sobretudo nas ações litúrgicas" (SC 7). A palavra "sobretudo" nesta frase quer dizer que Jesus está presente na Igreja também fora da liturgia; mas a nós interessa agora sua presença na liturgia. O Concílio explica, com relação à Eucaristia: "Presente está no sacrifício da missa, tanto na pessoa do ministro, 'pois aquele que agora oferece pelo ministério dos sacerdotes é o mesmo que outrora se ofereceu na cruz' (Concílio de Trento), quanto sobretudo sob as espécies eucarísticas" (SC 7).

2. Como é que Cristo está presente na Eucaristia? Certamente não como uma pessoa humana junto de outras. Como podemos entender essa presença?

Presente está agora Jesus glorificado, aquele que está à direita do Pai. É o Jesus pascal, que pela sua morte e ressurreição entrou na glória do céu. Para ele, na eternidade, não existe mais tempo. Ele está no céu para sempre como aquele que se ofereceu na cruz e cujo sacrifício o Pai aceitou e ratificou pela ressurreição. Por isso podemos dizer que sua cruz, na qual ele foi glorificado, como escreve o evangelista São João, torna-se presente em nossas celebrações. Aí nós temos a oportunidade de dizer "sim" àquilo que Deus fez por nós mediante Jesus Cristo, particularmente pela sua morte e ressurreição. Não só a presença de Jesus no pão e no vinho consagrados é real, mas também sua presença no ministro que preside, em outros ministros, por exemplo, nos leitores ou na Palavra, embora a presença sob as espécies eucarísticas seja real de uma maneira especial, que o Papa Paulo VI chamou de substancial. Cada uma destas maneiras de o Senhor estar presente podemos chamar de sacramental, porque se manifesta para nossos olhos da fé em palavras e gestos e sinais simbólicos sensíveis.

3. Mas como exatamente a Eucaristia pode ter o efeito de realizar em nós a salvação?

É precisamente porque Jesus está presente e agindo conosco. É uma ação em conjunto, nossa e de Jesus, que, como diz também o Concílio Vaticano II, dá-se pela força do Espírito Santo. Muitas vezes tal ação de Deus e de nós em conjunto se chama de sinergia. É como eu disse: Jesus, o Senhor morto e ressuscitado, está presente, e nós estamos reunidos ao redor de sua cruz, em que ele morreu e foi exaltado. Comemorando o fato histórico da Páscoa de Jesus, ele, por assim dizer, nos pergunta se nós aceitamos o que ele fez por nós. Se nós dizemos "sim", naturalmente um sim sincero e comprometido, a salvação é levada a efeito em nós. É como em toda ação litúrgica: Deus age e nós agimos com ele. Só assim podemos fazer algo que tenha valor no Reino de Deus para a salvação nossa e do mundo.

V
A presença de Jesus Cristo na liturgia

1. Os católicos e muitos evangélicos creem que Jesus está realmente presente na Eucaristia, nas espécies do pão e do vinho, depois da consagração. Ele está presente também na assembleia reunida em seu nome, nos ministros e na Palavra. Jesus está presente também em outras celebrações litúrgicas?

A presença de Jesus nas espécies eucarísticas do pão e do vinho é uma presença especial, que o Papa Paulo VI em sua encíclica *Mysterium fidei* (O mistério da fé) chamou de substancial, porque — assim explica o Papa, retomando as palavras do Concílio de Trento — toda a substância do pão é transformada em corpo de Cristo e toda a substância do vinho no seu sangue. Mas, como já a pergunta inicial mencionou, Jesus está presente também na assembleia, nos ministros e na Palavra proclamada. É evidente que a presença substancial nas espécies eucarísticas se dá somente na missa; mas não devemos esquecer que ela perdura também depois da celebração, quando o pão consagrado se guarda no sacrário. Nos outros sacramentos não há tal presença de Jesus. Por exemplo, a água do batismo não é transformada pela bênção, nem o óleo do crisma assumiu outro ser quando foi consagrado. Assim também quem é ordenado padre ou bispo fica a mesma pessoa. Mas Cristo está realmente presente, por exemplo, naquele que preside a missa ou uma outra celebração, ou no leitor, quando este proclama a Palavra de Deus na assembleia litúrgica.

2. Como podemos entender esta presença de Cristo nos ministros que presidem uma celebração ou proclamam a Palavra de Deus?

Devemos também agora lembrar a frase do Concílio Vaticano II: "Cristo está sempre presente em sua Igreja, sobretudo nas ações litúrgicas", e a explicitação desta afirmação em relação aos outros sacramentos, além da Eucaristia: "Presente está pela sua força nos sacramentos, de tal forma que, quando alguém batiza, é Cristo mesmo que batiza. Presente está pela sua Palavra, pois é ele mesmo que fala quando se lêem as Sagradas Escrituras na Igreja. Está presente finalmente quando a Igreja ora e salmodia, ele que prometeu: 'Onde dois ou três estiverem reunidos em meu nome, aí estarei no meio deles' (Mt 18,20)" (SC 7). Toda ação litúrgica é uma cooperação ou sinergia de Jesus Cristo, presente pelo seu Espírito, conosco, com os ministros e a assembleia litúrgica. Como na palavras sobre o pão e o vinho na missa, percebemos isso também, por exemplo, no sacramento da penitência, quando o padre diz: "Eu te absolvo dos teus pecados". Não é o padre que perdoa, mas Deus que está presente e fala por intermédio do padre.

3. *Podemos falar em presença real de Cristo também na proclamação da Palavra de Deus?*

Sem dúvida. E não somente porque o Vaticano II o afirma no texto que citei há alguns instantes. De alguma maneira podemos experimentar esta presença de Jesus na Palavra proclamada que é real, embora não física, mas sacramental, o que quer dizer de certo modo sensível para quem tem os sentidos iluminados e afinados pela fé. Vou explicar isso contando um fato que realmente aconteceu. Quando eu era ainda reitor do seminário maior da minha congregação religiosa, dos espiritanos, um dos nossos seminaristas recentemente tinha sido ordenado diácono e proclamado algumas vezes o Evangelho na igreja paroquial, uma senhora me parou em pleno dia na rua e me perguntou se ela estava pecando. Eu perguntei: "Por quê? Como?" — "Sabe, padre, ela respondeu, quando fulano (o recem-ordenado diácono) lê o Evangelho, eu tenho a impressão que Jesus mesmo está falando. Isso não é pecado?". Acho que não preciso repetir a resposta que dei a esta senhora. Pensar isso não é pecado, nem é imaginação, mas é experimentar a presença real de Jesus Cristo, que é a Palavra de Deus viva em pessoa, que se torna presente na proclamação da Palavra de Deus na liturgia.

VI
A liturgia como exercício do sacerdócio de Jesus Cristo

1. *Em sua constituição sobre a liturgia, o Concílio Vaticano II viu a liturgia de vários pontos de vista e descreveu seus diferentes aspectos e dimensões. Ele não definiu também uma vez resumida e exatamente o que é liturgia?*

De fato, o Concílio descreveu a liturgia sob vários aspectos. Ele a explicou como momento da história da salvação, como aquele momento em que a salvação é levada a efeito em nós. Ele a descreveu como comemoração ou memória desta história; como celebração do núcleo da história de Deus com a humanidade que é a Páscoa de Jesus ou celebração do Mistério Pascal. Ele a descreveu como ação nossa em conjunto com Jesus Cristo presente na celebração, pela força do Espírito Santo. O Concílio não quis dar uma definição da liturgia em sentido estrito. Os bispos pensaram que isso fosse tarefa dos liturgistas. Estes, no entanto, nos estão devendo tal definição que possa satisfazer plenamente, até hoje. Mas o Concílio descreveu uma vez numa única frase a liturgia da seguinte maneira: "Com razão..., a liturgia é tida como o exercício do *múnus* sacerdotal de Jesus Cristo, no qual, mediante sinais sensíveis, é significada e, de modo peculiar a cada sinal, realizada a santificação do homem; e é exercido o culto público integral pelo corpo místico de Cristo, cabeça e membros" (SC 7).

2. *Uma frase que diz resumidamente muita coisa. Diante dela deve ser permitida a pergunta: Qual é a afirmação principal que nela se faz sobre a liturgia?*

Para ser fiel ao Concílio, eu gostaria de repetir a afirmação direta contida nesta frase, simplificando-a um tanto, mas sem trair o verdadeiro enunciado: A liturgia é o exercício do sacerdócio de Jesus Cristo pelo seu corpo místico, cabeça e membros. Penso que assim a afirmação principal fique bem clara: A liturgia é o exercício do sacerdócio do Cristo todo, cabeça e membros.

Ninguém duvida de que Jesus Cristo é sacerdote, o sumo e único sacerdote do Novo Testamento. A Carta aos Hebreus deixa isso bem claro. Como ele é o único sacerdote, assim também a única vítima que se oferece, de modo que não há nem precisa ou pode mais haver outro sacrifício.[*]

---

[*] Sobre sacerdócio e sacrifício encontram-se explicações mais detalhadas em: G. Lutz, Celebrar em espírito e verdade, São Paulo, Paulus, 1997.

3. *Mas se Jesus Cristo é o único sacerdote do Novo Testamento, como pode ser que também os membros do seu corpo, que são todos os batizados, são sacerdotes e exercem na liturgia o seu sacerdócio?*

Não se pode mais pensar em Jesus Cristo sozinho, desde que o Filho de Deus se fez um de nós pela encarnação e nos deu como fruto da sua Páscoa o Espírito de filiação divina. Assim somos filhos no Filho, como somos membros do seu corpo, do qual ele é a cabeça. Mas o Espírito Santo não nos fez apenas filhos e filhas de Deus e irmãos e irmãs de Jesus Cristo; ele nos ungiu igualmente como sacerdotes no Sacerdote Jesus Cristo e profetas e reis no Profeta e Rei Jesus. É por isso que temos o direito e o dever de exercer com ele o nosso sacerdócio, na vida e na liturgia. Aliás, com Ele, por Ele e Nele somos também vítima agradável ao Pai no único sacrifício que celebramos na Eucaristia.

VII
O sacerdócio da Nova Aliança

1. *Para o Novo Testamento existe um único sacerdote: Jesus Cristo. Mas nós, os batizados, não somos também sacerdotes? E existem sacerdotes ordenados. O que diz o Novo Testamento a respeito?*

O único livro do Novo Testamento que fala explicitamente em sacerdócio é a Carta aos Hebreus. Ela insiste que, ao contrário do Antigo Testamento, o Novo conhece só um sacerdote, Jesus Cristo, que se ofereceu a si mesmo uma vez por todas e operou assim a salvação de toda a humanidade. No Antigo Testamento havia muitos sacerdotes que todos os dias ofereciam sacrifícios, mas não podiam satisfazer a Deus. Cristo, porém, assim lemos na Carta aos Hebreus, "entrou uma vez por todas no santuário, não com o sangue de bodes e de novilhos, mas com o próprio sangue, obtendo uma redenção eterna. De fato, se o sangue de bodes e de novilhos, e se a cinza da novilha... santifica..., quanto mais o sangue de Cristo que, por um espírito eterno, se ofereceu a si mesmo a Deus como vítima sem mancha" (9,11-14). Em outro momento, a Carta aos Hebreus salienta a perfeição do sacerdócio de Jesus Cristo com as seguintes palavras: "Tal é precisamente o sumo sacerdote que nos convinha: santo, inocente, imaculado, separado dos pecadores, elevado mais alto do que os céus. Ele não precisa, como os sumos sacerdotes, oferecer sacrifícios a cada dia, primeiramente por seus pecados, e depois pelos do povo. Ele já o fez uma vez por todas, oferecendo-se a si mesmo".

2. Se Cristo é o único sacerdote do Novo Testamento, que uma vez por todas ofereceu um culto perfeito a Deus, como podemos ao lado dele, nós também ser sacerdotes?

Vejamos também a respeito disso o que o Novo Testamento nos diz. No Livro do Apocalipse lemos que Jesus Cristo fez de nós sacerdotes para Deus, seu Pai (cf. 1,6). E São Pedro escreve na sua primeira carta: "Vós, como pedras vivas, constituí-vos em um edifício espiritual, dedicai-vos a um sacerdócio santo, a fim de oferecerdes sacrifícios espirituais aceitáveis a Deus por Jesus Cristo. [...] Vós sois uma raça eleita, um sacerdócio real, uma nação santa, o povo de sua peculiar propriedade, a fim de que proclameis as excelências daquele que vos chamou das trevas para sua luz maravilhosa" (2, 5 e 9). São Pedro se dirige a todos os cristãos; e quando São João diz que nós somos sacerdotes para Deus, ele pensa também em todos os batizados.

3. E como se deve entender este sacerdócio do qual nos falam São Pedro e São João?

São Pedro fala primeiramente em oferecimento de sacrifícios espirituais e em seguida explica em que consistem tais sacrifícios: "proclamar as excelências daquele que nos chamou das trevas para sua luz maravilhosa". Sacerdócio espiritual é, portanto, uma vida para o louvor de Deus. Sem dúvida, os dois apóstolos se referem a um texto importante do Livro do Êxodo, onde lemos que Deus falou por meio de Moisés ao povo: "Se ouvirdes a minha voz e guardardes a minha aliança, sereis para mim uma propriedade particular entre todos os povos, porque toda a terra é minha. Vós sereis para mim um reino de sacerdotes, uma nação santa" (19,5s).

Este sacerdócio, como também o do Novo Testamento, consistia basicamente na obediência a Deus e se exercia numa vida em conformidade com a vontade de Deus, mas não excluía sacrifícios rituais, como eles foram oferecidos já na seleção da Antiga Aliança no deserto e como Jesus mesmo o fez na Última Ceia. Importante era que o sacrifício cúltico fosse expressão de uma atitude interior e uma vida do dia a dia em obediência a Deus, como o fez sobretudo Jesus durante a sua vida terrestre.

É, portanto, claro que para o Novo Testamento Jesus Cristo é sacerdote, e nós, em união com ele, participamos do seu sacerdócio.

VIII
Sacerdócio comum e sacerdócio ministerial no Novo Testamento

1. *O Novo Testamento fala do sacerdócio de Jesus Cristo e do sacerdócio dos batizados. Ele fala também do sacerdócio ministerial dos ordenados?*

O Novo Testamento usa as palavras "sacerdote" e "sacerdócio" só em relação a Jesus Cristo e todos os batizados. Além disso, quando encontramos nos livros do Novo Testamento estes termos, trata-se do sacerdócio do Antigo Testamento. Quando a Carta aos Hebreus assim como São Pedro e São João falam em sacerdócio de Jesus Cristo e dos cristãos, eles pensam diretamente no sacerdócio espiritual ou existencial, quer dizer, na vida cristã em obediência a Deus como sacrifício de louvor. Afinal, para isso fomos criados e redimidos, como lemos no início da Carta aos Efésios. No entanto, tal sacerdócio espiritual não exclui uma celebração ritual daquilo que se vive; mas a celebração deve sempre ser expressão da vida e da atitude interior de quem celebra, como era o caso de Jesus na Última Ceia, quando instituiu a Eucaristia e a mandou celebrar em sua memória. Ora, tal sacerdócio é bem diferente daquele do antigo Templo, onde se prestou um culto meramente externo, ao passo que o coração dos sacerdotes e do povo estava longe de Deus. Para não confundir o novo sacerdócio com este antigo, o Novo Testamento evita os termos sacerdote e sacerdócio completamente, quando pensa numa celebração ritual do mistério cristão.

2. *Mas a nossa pergunta era se na Igreja dos apóstolos, conforme o Novo Testamento, existia também um sacerdócio cúltico de ordenados.*

O que acabo de explicar já pode ter deixado claro que o Novo Testamento praticamente não podia falar em sacerdócio quando tratava de pessoas ordenadas, porque as teria igualado aos sacerdotes do Antigo Testamento. Mas a realidade de um sacerdócio de ordenados ou ministerial existia. Por exemplo, os Atos dos Apóstolos nos relatam que os apóstolos, com oração, impuseram as mãos sobre sete homens, que geralmente são chamados de diáconos (cf. At 6,6). Quem duvidaria de que isso era uma ordenação? A Timóteo, que conforme a tradição foi o primeiro bispo de Éfeso, Paulo escreve: "Não descuides do dom da graça que há em ti, que te foi conferido mediante profecia, junto com a imposição das mãos do presbitério" (1Tm 4,16), e "eu te exorto a reavivar o dom de Deus que há em ti pela imposição das minhas mãos" (2Tm 1,6). Ao mesmo discípulo Paulo recomenda: "A ninguém imponhas apressadamente as mãos!" (1Tm 5,22). Certamente podemos ver nestes textos uma referência a uma instituição para um ministério eclesial ordenado. O mesmo vale das palavras de São Paulo a outro dos seus discípulos, Tito, que é considerado o primeiro bispo de Creta: "Eu te deixei em Creta para cuidares da organização e, ao mesmo tempo, para que constituas presbíteros em cada cidade" (Tt 1,5). De Paulo mesmo e de seus colaboradores se diz nos Atos dos Apóstolos: "Em cada Igreja designaram anciãos e, depois de terem orado e jejuado, confiaram-nos ao Senhor, em quem tinham crido" (At 14,23).

3. Podemos, partindo destes dados do Novo Testamento, tirar a conclusão de que existia já na Igreja dos apóstolos um sacerdócio ministerial ou de ordenados?

Estes e outros textos de conteúdo semelhante, sobretudo quando lidos e interpretados no seu contexto, nos podem dar a certeza de que já na Igreja apostólica havia homens ordenados. Não podemos dizer se eram diáconos, ou presbíteros, ou bispos. Esta distinção ficou clara, pelo que sabemos, a partir do séc. II. Mas não se pode duvidar, e isso nos interessa no momento, de que havia na Igreja, desde o início, falando em termos atuais, também sacerdotes ordenados.

IX
A relação entre sacerdócio comum e ministerial

1. *O sacerdócio comum de todos os batizados se entende geralmente como sacerdócio menos autêntico e importante do que aquele dos ordenados. Será que essa opinião é certa?*

Quando antes do Concílio Vaticano II se falou na Igreja Católica em sacerdócio, pensou-se em geral simples e exclusivamente no sacerdócio dos ordenados. Mesmo o Papa Pio XII na sua importante encíclica *Mediator Dei* sobre a liturgia, do ano de 1947, considerava como verdadeiros celebrantes da liturgia somente os ordenados. Alguns leigos podiam eventualmente ser delegados pelos ordenados para determinados serviços que normalmente os ordenados deviam prestar. Sacerdotes mesmos eram na opinião de praticamente todos os católicos só os padres e os bispos. Mas o Concílio Vaticano II, no que diz respeito à liturgia, bem preparado pelo movimento litúrgico, declarou em sua constituição sobre a liturgia que "todo o povo cristão, geração escolhida, sacerdócio régio, gente santa, povo de conquista tem direito e obrigação" (SC 14) de celebrar a liturgia, já que são sacerdotes como membros do corpo de Cristo, nosso sumo sacerdote.

2. *Podemos concluir, daquilo que o senhor explicou, que na Igreja existe portanto, somente o sacerdócio comum de todos os batizados?*

De maneira alguma! Também em resposta a esta pergunta eu gostaria de citar um texto do Concílio Vaticano II, da constituição sobre a Igreja. Depois de ter afirmado a existência do sacerdócio comum e de ter explicado como os batizados o exercem, o texto continua: "O sacerdócio comum dos fiéis e o sacerdócio ministerial ou hierárquico ordenam-se um ao outro, embora se diferenciem na essência e não apenas em grau. Pois ambos participam, cada qual a seu modo, do único sacerdócio de Cristo. O sacerdote ministerial, pelo poder sagrado de que goza, forma e rege o povo sacerdotal, realiza o sacrifício eucarístico na pessoa de Cristo e o oferece a Deus em nome de todo o povo. Os fiéis, no entanto, em virtude de seu sacerdócio régio, concorrem na oblação da Eucaristia e o exercem na recepção dos sacramentos, na oração e ação de graças, no testemunho de uma vida santa, na abnegação e na caridade ativa"(LG 10).*

---

* LG = *Lumen Gentium* (Constituição do Concílio Vaticano II sobre a Igreja, 1964).

3. *E como se pode entender propriamente a relação entre sacerdócio comum e ministerial? O sacerdócio comum depende do ministerial e é a ele subordinado?*

Os dois dependem diretamente de Jesus Cristo, são participações do seu sacerdócio. Ele é o sacerdote por natureza, os batizados e os ordenados o são por participação. O sacerdócio dos primeiros é baseado no batismo, o dos outros na ordenação. Não se pode dizer que um seja mais autêntico ou importante do que o outro. Os dois participam do sacerdócio de Jesus Cristo, porém, de maneira diferente. A palavra "ministerial" nos pode dar uma dica a respeito da relação dos dois tipos de sacerdócio entre si: "Ministerial" quer dizer "a serviço". Os ordenados estão a serviço de todos os batizados, para que estes possam exercer seu sacerdócio, por exemplo, oferecer o sacrifício eucarístico. No entanto, se alguém insistir perguntando: mas não é um dos dois mais sublime do que o outro?", eu responderia perguntando: Qual é, então, o sacerdócio mais sublime: aquele que está a serviço ou aquele que é servido?

X
A liturgia realiza-se em palavras e sinais

1. *Liturgia realiza-se sempre em palavras e sinais? Ou, perguntando em outras palavras: não pode haver liturgia sem expressão sensível?*

Na liturgia entramos e estamos em contato, em comunhão com Deus. Liturgia no fundo é oração, e oração é diálogo com Deus. Oração, no entanto, pode se fazer também em silêncio, como é o caso, quando fazemos uma meditação em silêncio. Ninguém diria então que isso é liturgia, pois falta a expressão em palavras, gestos e sinais, além de também não ser uma ação comunitária, o que é normalmente essencial para a liturgia. E há ainda outras maneiras de estar em comunhão com Deus. Se eu vivo uma situação difícil de vida conscientemente em comunhão com Deus, ou se eu faço, por exemplo, um sacrifício, dizendo: faço isso em união com Jesus Cristo, que se sacrificou por mim e por outros, como eu estou tentando me sacrificar agora por alguém — também tal ação em comunhão com Deus não se chamaria de liturgia, porque é uma ação diretamente vivida, não uma celebração em palavras e sinais simbólicos. De fato, liturgia é sempre celebração, uma ação simbólica e ritual.

Não é a vida ou a história mesma. No caso da liturgia, é a celebração simbólica, ritual-sacramental da história da salvação com seu centro, que é o Mistério Pascal de Jesus Cristo, sua morte e ressurreição. Esta história, particularmente a Páscoa de Jesus, podem se tornar presentes também na oração e na vida do dia a dia; mas liturgia há somente quando isso acontece mediante uma ação ritual-sacramental, em palavras, gestos e outros sinais.

2. *O senhor poderia nos dizer por que liturgia se realiza sempre em palavras e sinais?*

A última finalidade da liturgia é a comunhão viva nossa com Deus. Ele entra em comunhão conosco para levar nossa salvação a efeito; e nós, em resposta a ação salvífica de Deus, lhe damos graças, o louvamos e glorificamos. Esta comunhão de Deus conosco chega a sua maior profundidade e plenitude quando ela nos envolve com todo o nosso ser. Ora, somos corpo e espírito, não somente espírito, como Deus. Sobretudo na liturgia Deus se quer comunicar conosco como nós somos, seres também físicos e dotados de sentidos. Por isso ele se comunica por meio dos nossos sentidos, por exemplo, aos nossos ouvidos, aos nossos olhos e nosso tato e chega até a sentar conosco na mesa da Eucaristia e se doar como alimento.

3. *Na missa é evidente que ela se realiza em sinais e palavras. Mas é assim também em outras celebrações?*

Na missa e em várias outras celebrações, como no batismo ou numa dedicação de igreja, a ritualidade em gestos e símbolos prevalece, em outras, por exemplo, na Liturgia das Horas ou no Ofício Divino, prevalece mais a Palavra. Mas sempre a liturgia é uma ação que exprime para os nossos sentidos o mistério que se celebra, a comunhão com Deus. Pensando bem, é na liturgia como foi na encarnação do Filho de Deus, quando então Deus se fez homem para poder comunicar-se conosco também da parte dele aos nossos sentidos. Evidentemente, assim não se dispensa a fé, como também a liturgia não é algo meramente externo, e sim a expressão sensível do mistério que celebramos.

XI
Símbolos na liturgia

1. O Senhor nos pode explicar o que é um símbolo?

Não é fácil explicar com clareza o que é um verdadeiro símbolo. Fala-se tanto em símbolos, especialmente na liturgia. Procuram-se símbolos, fazem-se símbolos. Geralmente pensa-se em coisas ou objetos que então devem servir para ilustrar uma ideia, para passar uma mensagem. Eles são usados como meios didáticos e pedagógicos. Na maioria das vezes, no entanto, não se trata de verdadeiros símbolos.

2. Mas então, o que é um verdadeiro, autêntico símbolo?

A palavra símbolo, que nos vem do grego, significa a coincidência de duas realidades, das quais uma é visível, sensível, e a outra invisível, espiritual. A primeira remete à segunda, de alguma maneira tem dentro de si algo comum com a segunda; existe uma relação entre as duas. Na liturgia a segunda realidade, à qual a primeira remete, é normalmente a presença e ação de Deus, que quer sobretudo na liturgia levar a efeito a nossa salvação. — Estas afirmações mais teóricas ficam mais compreensíveis se olhamos um exemplo. Escolho o batismo, e o batismo por imersão. Neste caso, a pessoa a ser batizada entra na piscina batismal, é mergulhada nesta ou despeja-se sobre ela água que a cobre como um manto, de modo que ela fique totalmente coberta de água. Depois ela sai da água e da piscina. Esta é a ação simbólica. Mas é óbvio que ser coberto de água pode significar morrer e ser sepultado, e que no sair da água se pode ver um sair do sepulcro e entrar numa nova vida. As palavras "eu te batizo em nome do Pai e do Filho e do Espírito Santo" que o ministro do batismo pronuncia enquanto se realiza o gesto, dizem que ele significa aquilo que a ação ritual mesma pode significar, mas ainda algo a mais, a saber, que não se trata de uma morte e ressurreição qualquer, e sim de uma ação realizada por Deus. A ação simbólica tem em si a potencialidade de significar morrer e ressuscitar, mas é pela fé que podemos ver nesta ação, num certo sentido material, ainda algo a mais: a presença e a ação de Deus, que para nós é salvífica.

3. *O senhor deu agora o rito do batismo como exemplo de uma ação simbólica. Não existem também coisas ou objetos simbólicos?*

Fiquemos com o rito do batismo, no qual o elemento principal é a água. Água no caso é símbolo de morte e de vida. Quantas pessoas já morreram na água, afogadas! Do outro lado: nada vive sem água, nem uma planta, menos ainda um animal ou o ser humano. Podemos até lembrar que todos nascemos de uma bolsa de água do útero de nossa mãe. — Em todo caso, como nas ações simbólicas, observamos em muitos objetos e coisas que a realidade simbólica sensível, o significante, tem uma potencialidade de significar uma realidade invisível, na liturgia, salvífica. O ser mergulhado na água significa a morte do homem do pecado; a água mesma significa morte ou vida; o sair da água, nova vida. Tal potencialidade ou relação deve existir, ser fundamentada no símbolo, na ação ou no objeto sensível. Não podemos atribuir arbitrariamente tal potencialidade. É por isso que não podemos criar símbolos verdadeiros. Eles existem ou não existem, também e sobretudo na liturgia. Mas aqueles que existem, se são bem colocados e realizados, nos falam com eloqüência de Deus e de sua ação, muitas vezes muito melhor do que palavras e discursos.

XII
A sacramentalidade da liturgia

1. A liturgia é uma realidade simbólica. Não há liturgia sem coisas ou ações simbólicas. Também na vida profana existem símbolos. Os símbolos litúrgicos são diferentes dos da vida do dia a dia?

Em nossa vida existem muitos símbolos, a começar com o aperto de mão ou um abraço. Já estes gestos significam algo mais do que sua realidade física. Estes dois gestos, por exemplo, exprimem encontro, união, comunhão. Pensemos em pão. Pão é determinado alimento, feito de trigo ou centeio ou de outros cereais. Mas quando se fala em pão de cada dia ou ganha-pão, já não se pensa mais somente neste alimento específico, e sim em alimento em geral e até em tudo de que precisamos de indispensável para viver. Estamos, assim, usando a palavra pão em sentido simbólico; mais ainda quando se diz que fulano é um pão. — De modo semelhante é na liturgia. Pão da Eucaristia não é mais pão como o compramos na padaria e comemos no café da manhã; é o Corpo de Cristo.

2. *Pensando no exemplo do pão como símbolo, particularmente no pão da Eucaristia, surge de novo a pergunta: Qual a diferença entre um símbolo da vida profana e um símbolo litúrgico?*

No símbolo profano o significado é uma realidade natural, embora possa ser sumamente espiritual. A ação, o gesto ou o objeto sensível têm dentro de si certa força, uma potencialidade de significar outra realidade; no símbolo sensível podemos assim, com a nossa mente, reconhecer algo que vai além daquilo que percebemos com os sentidos. O símbolo litúrgico é também algo sensível e tem igualmente uma potencialidade de significar outra realidade. Mas esta força de significar vai, por assim dizer, além das realidades criadas, da nossa vida humana como tal; é uma força que também não é própria da nossa mente, da mente da humanidade que criou os símbolos do dia a dia, geralmente numa evolução demorada, talvez de milênios. Nos símbolos litúrgicos está presente uma força transcendente, uma força divina que cria uma relação do símbolo com uma realidade não só espiritual, mas divina e salvífica. É claro que a força que faz do pão o Corpo de Cristo e de um banho de água o nascimento de filhos e filhas de Deus, deve ser uma força divina. É a força do Espírito de Deus, conforme disse o Concílio Vaticano II, afirmando que tudo na liturgia, já que toda ela é uma realidade simbólica, se realiza "pela força do Espírito Santo" (SC 6).

3. Mas o que é então sacramentalidade, sacramentalidade da liturgia?

Podemos dizer que sacramentalidade é esta característica especial de coisas e ações criadas e acessíveis aos nossos sentidos que indica uma realidade invisível, divina, salvífica; quer dizer, a presença e a ação de Deus que nos salva, que leva em nossa vida e história, sobretudo na liturgia, a salvação operada por Jesus Cristo a efeito. Tal força eficaz de significar existe em primeiro lugar em Jesus Cristo, que com razão é considerado como sacramento fundamental, porque ele nos mostra em sua pessoa e ação humanas, que eram acessíveis aos sentidos das pessoas que com ele viviam, o Pai do céu. De modo semelhante a Igreja é chamada de sacramento universal de salvação, porque nela o Senhor ressuscitado e exaltado à direita de Deus na glória do céu se mostra e continua presente no mundo para levar a efeito sua obra de salvação. Sacramentalidade plena e eficaz costumamos ver nos sete sacramentos da Igreja, que são como que um desdobramento da realidade sacramental que a Igreja mesma é. No entanto, também as outras celebrações litúrgicas têm isso como próprio: mostrar e em certo sentido também realizar aquilo que seus ritos indicam. Até todas as realidades criadas nos podem falar do amor de Deus, que é a última fonte de tudo o que existe de bom no mundo. Sacramentalidade é isto: realidades sensíveis que nos mostram a presença ativa Deus, para realizar seu plano de amor, a nossa salvação.

XIII

Na liturgia nós somos santificados e Deus é glorificado

1. *Na liturgia celebramos a história da salvação. Ora, o Concílio Vaticano II disse, ao definir a liturgia, que nela nós somos santificados e Deus é glorificado. Não é assim que também toda a história da salvação deve ser santificação nossa e glorificação de Deus?*

O Vaticano II inicia sua descrição da natureza da liturgia lembrando em grandes linhas a história da salvação, que teve seus prelúdios no Antigo Testamento e foi completada por Jesus Cristo, principalmente pela sua morte e ressurreição, e constata que assim se operou a redenção humana e a perfeita glorificação de Deus (cf. SC 5). De fato, a história da salvação mostra desde o seu início, a partir da criação, até o seu término, a última vinda de Cristo, que ela tem como finalidade a salvação da humanidade e do mundo, em outras palavras, o estabelecimento do Reino de Deus na criação inteira. Mas, à medida que o Reino de Deus se realiza, quando e à medida que reinam justiça, paz e amor, quanto mais as pessoas e toda a criação chegam à plenitude de vida, tornando-se sempre mais semelhantes e unidas a seu criador e redentor, que é a fonte de toda vida e quer nos fazer partícipes de sua própria vida, Deus consegue a realização do seu plano de amor e de vida; e nisso consiste sua glorificação. A história da salvação é, portanto, uma história de santificação da humanidade e de glorificação de Deus, história que chega a sua perfeição no fim deste mundo, quando será inaugurado o mundo novo da eternidade.

2. *O senhor poderia repetir estas reflexões profunda e altamente teológicas em outras palavras?*

Sem diminuir o valor teológico da nossa reflexão, podemos dizer: de um lado, e sempre com a iniciativa da sua parte, Deus se inclina para nós. Ele nos oferece, ele nos dá a semelhança consigo e nos deixa participar do seu próprio ser, tornando-nos seus filhos e filhas, irmãos e irmãs de Jesus Cristo. Nisso observamos uma dinâmica, uma vertente ou linha descendente de ação de Deus para conosco. Vivendo como filhos e filhas de Deus, irmãos e irmãs de Jesus Cristo, vivemos o amor que é a natureza, o próprio ser de Deus. Deus é amor, e ele infundiu em nosso coração este mesmo amor pelo seu Espírito. Filhos e filhas, no entanto, reconhecem o Pai, agradecem-lhe a vida e tudo o que dele têm. Assim observamos uma outra dinâmica ou vertente, de nós para Deus, que é ascendente. É claro que a linha descendente é a nossa santificação e a ascendente a glorificação de Deus.

3. E o Concílio Vaticano II diz que a liturgia é a celebração desta dupla ação de que consiste a história da salvação?

Isso mesmo! Toda celebração litúrgica um pouco desenvolvida consiste de uma primeira parte que chamamos de liturgia da Palavra, e de uma segunda parte, que é a liturgia sacramental. Na primeira parte a linha descendente é a mais forte: Deus nos fala e assim nós somos santificados. Na segunda parte, que é sobretudo nossa resposta de ação de graças e louvor, prevalece a linha ascendente, a glorificação de Deus. Na celebração da Eucaristia podemos ainda observar que na comunhão as duas vertentes se encontram de tal maneira que neste encontro, que é o mais intenso e íntimo possível nesta terra, nossa santificação e a glória de Deus se dão ao mesmo tempo e que em nossa santificação consiste a glorificação de Deus.

Portanto, como a história da salvação busca e realiza a santificação da humanidade e a glorificação de Deus, assim celebramos na liturgia esta dupla ação, nossa santificação e a glorificação de Deus.

XIV
Liturgia terrena e liturgia celeste

1. *No documento do Concílio Vaticano II sobre a liturgia lemos: "Na liturgia terrena, antegozando, participamos da liturgia celeste, que se celebra na cidade santa de Jerusalém, para a qual, peregrinos, nos encaminhamos" (SC 8). É esta uma linguagem meramente figurativa, ou afirma-se assim uma realidade?*

Antes de cantarmos na missa o Santo, quem preside nos convida a cantar com os anjos e os santos. O profeta Isaías, quando foi chamado por Deus para ser profeta, viu o céu aberto e os anjos diante do trono de Deus que cantavam: "Santo, santo, santo é o Senhor; o céu e a terra estão cheios de sua glória" (Is 6,3). Quando Jesus nasceu em Belém, os anjos cantaram: "Glória a Deus no mais alto dos céus, e paz na terra aos homens que ele ama" (Lc 2,14). Introduzindo o capítulo sobre a Liturgia das Horas, no documento sobre a liturgia, o Concílio Vaticano II diz: "O Sumo Sacerdote do novo e eterno Testamento, Cristo Jesus, assumindo a natureza humana, trouxe para este exílio terrestre aquele hino que é cantado por todo o sempre nas habitações celestes. Ele associa a si toda a comunidade dos homens, e une-a consigo na celebração deste divino cântico de louvor" (SC 83).

2. *De fato, cantamos no Glória e no Santo da missa cânticos dos anjos. Mas cantamos realmente com eles? E rezamos e cantamos na Liturgia das Horas de verdade com os anjos e santos do céu?*

Realmente e de verdade! No entanto, para compreendermos isso bem, devemos lembrar que a liturgia é uma realidade simbólico-sacramental. Isso não significa que não seja real; mas trata-se de uma outra realidade do que aquela que vivemos neste mundo material, físico e cósmico. Aquilo que fazemos na liturgia, de modo sensível e até físico e material, tem um significado espiritual e realiza, em cooperação com Deus, algo que é salvífico para nós. Aliás, que estamos unidos aos santos do céu confessamos também quando proclamamos: Creio na comunhão dos santos. Nós cristãos não vivemos apenas, como seres humanos, em comunhão com as outras pessoas deste mundo e com todas as outras criaturas, mas como filhos e filhas de Deus estamos também em comunhão de vida com os santos. Não somos seres apenas materiais, mas também espirituais que podem ter um relacionamento espiritual igualmente com Deus e seus anjos. É neste caso como sempre na liturgia: aquilo que nós fazemos em ação simbólico-sacramental, significa e realiza algo que é espiritual e divino.

3. *O senhor poderia explicar um pouco mais como se pode compreender esta união e comunhão nossa com os habitantes do céu em nossa liturgia?*

Já por sermos criados por Deus à sua imagem e semelhança, participamos de sua vida, estamos em comunhão com ele e com todas as outras criaturas, também aquelas pessoas que já estão na plena e definitiva união com ele na glória do céu. Esta comunhão é ainda mais profunda, tem uma qualidade bem diferente por sermos pelo batismo, pelo dom do Espírito Santo, verdadeiros filhos e filhas de Deus, realmente irmãos e irmãs de Jesus Cristo e dos santos do céu. Nossa condição humana não permite ainda, enquanto estamos crescendo para o nosso ser definitivo, que apareça já o que somos de verdade. No entanto, sobretudo na liturgia que é ação do sumo sacerdote Jesus Cristo, de todo o seu corpo místico, que inclui os membros peregrinos e os que já chegaram à meta da sua peregrinação terrestre na eternidade, todo este corpo, a cabeça e seus membros, estão agindo juntos, celebrando a Páscoa de Jesus e dos que estão unidos a ele.

XV
A liturgia no conjunto da ação evangelizadora da Igreja

1. Liturgia é evangelização?

Evangelizar era a grande missão de Jesus de Nazaré. E como ele anunciou a Boa Nova do Reino não só pregando, mas igualmente fazendo o bem e rezando, sofrendo, morrendo e ressuscitando, assim também seus discípulos e a Igreja sempre entenderam e realizaram a sua missão: ser testemunhas do Reino com todo o seu ser e agir. A Igreja universal e as igrejas particulares, as paróquias e as comunidades e cada um de seus membros são hoje os evangelizadores. A liturgia é uma das dimensões desta ação complexa que é a evangelização. Parece-me conveniente lembrar neste momento que a CNBB, a Conferência Nacional dos Bispos do Brasil, organiza seu trabalho evangelizador em seis linhas ou dimensões. A primeira é a dimensão comunitária e participativa, que trata da vida mais interna da Igreja, da vida e ação do povo de Deus, no qual leigos, religiosos e ordenados, comunidades e grupos ou movimentos vivem e atuam em comunhão e participação. A segunda é a dimensão missionária, que corresponde particularmente à missão que a Igreja recebeu de Jesus Cristo, de proclamar e testemunhar o Evangelho em todo tempo e lugar, despertando também a fé nos não cristãos e integrando novos membros em sua comunhão visível. A terceira é a dimensão bíblico-catequética, que visa promover um processo de educação pessoal e comunitário, na base da Palavra de Deus que nos é transmitida sobretudo pela Bíblia. A quarta é a dimensão litúrgica, que exprime e realiza o caráter celebrativo da Igreja. Ela constitui na terra a expressão mais significativa da comunhão eclesial. A quinta é a dimensão ecumênica e de diálogo religioso, preocupada com a unidade de todos os que creem em Cristo, mas estendendo o diálogo também às religiões não cristãs. A sexta dimensão é a socio-transformadora. A Igreja está presente na sociedade e vive e atua em profunda relação com ela, para torná-la sempre mais humana, justa e solidária.

2. *Mas a liturgia não parece ser ação evangelizadora num sentido tão evidente como por exemplo a primeira evangelização ou a catequese. Celebração é evangelização?*

O grande valor evangelizador da liturgia já se evidencia pelo fato de que em nenhuma outra oportunidade se reúnem tantos cristãos para ouvir o Evangelho como nas celebrações dominicais da Palavra e da Eucaristia. E são poucos os que leem o Evangelho fora destas celebrações aos domingos. Não se trata de transformar nossas celebrações em catequese ou escolas de fé, porque a liturgia não é ensino ou aula, como também não é, por exemplo, ação transformadora, mas estas e todas as dimensões da ação evangelizadora se celebram na liturgia. Celebramos nela a fé que aprendemos da Bíblia e na catequese e que vivemos na ação no mundo. Para a liturgia convergem todas as atividades da Igreja, das comunidades e de seus membros, e é a partir dela que os cristãos assumem seu compromisso de ação em prol do Reino de Deus.

3. Podemos, então, dizer que a liturgia é o coração da Igreja?

Poderíamos, de fato. O Concílio Vaticano II expressou isso, em sua constutição sobre a liturgia, assim: "A liturgia é o cume (o ponto culminante), para o qual tende a ação da Igreja e, ao mesmo tempo, é a fonte donde emana toda a sua força" (SC 10).

XVI

A liturgia é cume e fonte da vida da Igreja

1. *Como se deve entender a afirmação do Concílio Vaticano II: "A liturgia é o cume para o qual tende a ação da Igreja e, ao mesmo tempo, é a fonte donde emana toda a sua força"?*

Ninguém nos pode explicar melhor como devemos entender esta afirmação do que o próprio Concílio. Antes de fazer a afirmação citada na pergunta, o Concílio diz em seu documento sobre a liturgia: "A sagrada liturgia não esgota toda a ação da Igreja. Pois, antes que os homens possam achegar-se da liturgia, faz-se mister que sejam chamados à fé e à conversão: 'Como invocarão aquele em quem não creram? E como crerão sem terem ouvido falar dele? E como ouvirão se ninguém lhes pregar? E como se pregará se ninguém for enviado? (Rm 10,14s)" (SC 9). Com estas palavras, o Concílio falou daqueles que ainda não creram em Jesus Cristo. Em seguida diz que também os cristãos devem crescer sempre mais na fé e precisam de conversão. Nos dois casos trata-se da necessidade de evangelização que precede a ação litúrgica. Só nesta fé, somente quem anda nos caminhos de Deus, pode celebrar uma liturgia verdadeira.

2. *Assim a liturgia aparece de fato como cume ou ponto culminante da vida e da ação da Igreja. Mas como podemos entender a liturgia como fonte?*

Ouçamos de novo o que nos dizem os bispos reunidos em Concílio: "A própria liturgia [...] impele os fiéis que, saciados dos sacramentos pascais, sejam concordes na piedade; reza que conservem em suas vidas o que receberam na fé; a renovação da aliança do Senhor com os homens na Eucaristia solicita e estimula os fiéis para a caridade imperiosa de Cristo" (SC 10). Os bispos latino-americanos, reunidos em Medellín, dizem o mesmo mais claramente e em termos mais concretos para a América Latina. Depois de terem explicado na introdução às conclusões (6) que na história atual podemos sentir o passo de Deus que salva quando se dá o verdadeiro desenvolvimento, que é a passagem de condições menos humanas para condições mais humanas, os bispos declaram: a presença do mistério da salvação, enquanto a humanidade peregrina até sua plena realização na parusia do Senhor, culmina na celebração da liturgia eclesial. Mas agora nos interessa particularmente aquilo que eles dizem em seguida: "Na hora atual de nossa América Latina, como em todos os tempos, a celebração litúrgica coroa e comporta um compromisso com a realidade humana, com o desenvolvimento e com a promoção, precisamente porque toda a criação está inserida no desígnio salvador que abrange a totalidade do homem" (Conclusões 9,4). Portanto, a liturgia não apenas coroa um compromisso com a realidade humana, mas também o comporta, nos leva, se ela é autêntica e não alienada, a um engajamento na promoção humana, na ação social e até política, porque Deus quer salvar a totalidade do ser humano e toda a humanidade.

3. Será que estes princípios se realizam de fato na Igreja, em nossas comunidades que celebram a liturgia?

Uma comunidade viva e ativa que se reúne, por exemplo, para a celebração dominical da Palavra de Deus ou da Eucaristia, certamente traz para dentro de sua celebração tudo o que ela vive e faz. Ela agradece na oração eucarística e no louvor aquilo que ela e seus membros conseguiram fazer de bom; no ato penitencial ela pede perdão por aquilo que fez de errado ou deixou de fazer; na proclamação da Palavra ela recebe luz e orientação para seu agir no dia a dia; nas preces ela pede ajuda a Deus para sua ação e missão. Nos avisos no fim da celebração se faz explicitamente a ponte entre o celebrar e o agir. Assim a liturgia dominical se constitui concretamente como cume e fonte da ação de todos, da comunidade e da Igreja.

XVII
Liturgia e oração particular

1. Na liturgia se pode rezar?

Existe um livro, uma obra em 4 volumes, escrita na França, mas traduzida em muitas outras línguas, usado, sobretudo por aqueles que estudam a liturgia. Esta obra foi traduzida e publicada também no Brasil e tem aqui o título *A Igreja em oração*. O autor principal deste livro, que foi escrito por vários liturgistas, é Martimort, um padre francês, que era durante e depois do Concílio Vaticano II um dos melhores e mais conhecidos liturgistas do mundo.

Já o título desta obra deixa bem claro que na liturgia não somente se pode rezar, mas que ela mesma é oração. Talvez seja bom lembrarmos neste momento que oração é essencialmente conversa ou diálogo com Deus. De fato, na liturgia acontece tal diálogo, como podemos observar com plena clareza sobretudo na primeira parte da missa, na liturgia da Palavra, e igualmente nas celebrações dominicais da Palavra de Deus. Na primeira leitura Deus nos fala e nós respondemos no salmo responsorial. Deus retoma a palavra na segunda leitura, e em seguida nós, na aclamação ao Evangelho. No Evangelho Deus fala de novo à assembleia reunida e a fala de Deus na Palavra proclamada se prolonga na homilia, que explica a Palavra de Deus. Depois nós respondemos com a profissão de fé e as preces. Se oração é diálogo e conversa com Deus, ninguém pode duvidar de que a liturgia da Palavra seja oração. E assim toda a celebração da Eucaristia e dos outros sacramentos é oração, sobretudo as partes centrais que são explicitamente chamadas de oração: a oração eucarística, a oração de bênção, por exemplo, da água para o batismo ou as preces de ordenação.

2. *Mas a oração particular não é mais própria ou autenticamente oração ou pelo menos oração em outro sentido? Há até gente que diz que na liturgia não se pode rezar. Isso é verdade?*

A oração particular é realmente um outro tipo de oração. Como diz o nome, ela é oração de uma pessoa que reza individualmente, ao máximo com seus familiares, ao passo que na liturgia rezamos juntos em assembleia, comunitariamente. Muitas pessoas parecem também pensar que oração seja só a recitação de determinadas fórmulas, como o Pai-nosso, a Ave-Maria ou uma oração a determinado santo ou santa. Há pessoas que talvez nunca rezam espontaneamente, com suas próprias palavras conversando com Deus: sobre a sua situação de vida, suas alegrias e angústias. Pode até ser que considerem como distração quando se lembram na oração dos seus problemas. Muitos também pensam que oração acontece quando nós falamos, mas não quando escutamos Deus, que nos fala num texto bíblico, em nosso coração ou nos acontecimentos da vida e da história. O ouvir, a escuta deveria sempre ser o primeiro momento em nossa oração, para que ela não seja monólogo nosso diante de Deus, e sim diálogo vital com ele.

3. Que tipo de oração é mais importante: a particular ou a litúrgica?

Não se pode dizer que uma seja mais importante do que a outra. Mas uma coisa é certa: quem não reza em particular, dificilmente vai rezar na liturgia no sentido de uma conversação íntima e autêntica com Deus; quem não participa da liturgia e da oração comunitária na assembleia celebrante, se priva da certeza que Jesus mesmo nos deu de ele estar presente onde dois ou três estiverem reunidos em seu nome.

XVIII
Oração particular na liturgia

1. Liturgia e oração particular são dois tipos diferentes de oração. Em que relação está uma com a outra?

Ouçamos logo o que o Concílio Vaticano II nos diz a respeito em seu documento sobre a liturgia: "A vida espiritual não se restringe unicamente à participação da sagrada liturgia. O cristão, chamado para a oração comunitária, deve, não obstante, entrar em seu cubículo e orar ao Pai em segredo; deve até orar sem cessar, como ensina o Apóstolo" (SC 12). O Concílio faz esta constatação depois de ter dito que a liturgia não esgota toda a vida e ação da Igreja, mas que ela é o cume e, ao mesmo tempo, a fonte de todo o seu viver e agir. Este contexto nos sugere considerar também a oração litúrgica, a oração da Igreja reunida, como ponto culminante da vida de oração particular e, ao mesmo tempo, como fonte que dá fecundidade à oração individual. A oração particular, a conversa íntima com Deus quando estamos sozinhos ou talvez com nossos familiares em casa, o esposo com a esposa e os pais com seus filhos, nos deve preparar para a oração na comunidade reunida; do outro lado, a oração litúrgica em assembleia deve prolongar-se na oração em casa, antes e depois das refeições, de manhã e à noite, quando estamos alegres para agradecer a Deus, quando estamos aflitos para pedir luz e força do alto.

2. *Não seria bom poder rezar assim do fundo do coração também na igreja, na missa e em outras celebrações litúrgicas?*

Isso deve ser e de fato é possível na liturgia. Devemos ter, na celebração da missa ou da Palavra e em qualquer outra celebração, momentos de silêncio como espaço para a oração particular, por exemplo, antes do ato penitencial e depois do "oremos" no início das orações do dia, sobre as oferendas e depois da Comunhão. Estes "oremos" são precisamente um convite à oração particular dos membros da assembleia; as orações particulares em silêncio são depois como que resumidas na oração em voz alta de quem preside. Para que caibam dentro destas orações, por assim dizer, todas as orações particulares, elas têm conteúdos mais gerais, embora muito profundos, expressando o que há de mais importante e conveniente a dizer a Deus em nome da comunidade reunida. Outros momentos de silêncio devem-se fazer depois das leituras e da homilia e sobretudo depois da comunhão.

3. *Mas estes momentos de silêncio, que nem sempre se fazem em nossas celebrações, são suficientes para nossa oração particular?*

Claro que não! Toda celebração litúrgica deve e pode ser diálogo vital com Deus, embora em união de coração com nossos irmãos e irmãs que estão celebrando conosco. A Palavra de Deus proclamada deve chegar ao fundo do nosso coração e de lá devem brotar as orações de louvor e súplica, como também o canto. Mas tanto antes de irmos às celebrações litúrgicas da comunidade devemos rezar, quanto depois de voltarmos da celebração e oração comunitária para o nosso dia a dia. Afinal, toda a nossa vida deve ser oração.

Liturgia e oração particular são duas formas diferentes de rezar, mas uma não pode existir sem a outra. Oração somente particular não chega, eu o digo uma vez assim, à qualidade da oração litúrgica; e somente oração litúrgica sem uma base na particular e toda uma vida espiritual seria como o pico de uma montanha que está voando nos ares.

XIX
Liturgia e piedade popular

1. *A liturgia é o ponto culminante de toda a vida e ação da Igreja; também das devoções e da piedade popular em geral?*

Se falamos em devoções e piedade popular estamos pensando no terço ou rosário, na via-sacra, em procissões e romarias, em novenas e outras práticas religiosas do povo católico, também em devoções aos santos, como as chagas de São Francisco, em devoções a Nossa Senhora, como seria o escapulário, igualmente em devoções a determinados mistérios de Nosso Senhor Jesus Cristo, como a já mencionada via-sacra ou as devoções ao Coração de Jesus ou ao Santíssimo Sacramento do Altar. Estas maneiras de venerar Jesus Cristo, sua Mãe Maria e outros santos são muito procuradas por grande parte dos fiéis, normalmente até mais do que as próprias celebrações litúrgicas, a missa, as celebrações dominicais da Palavra e a oração do Ofício Oivino. Onde, por exemplo, se faz na noite da Sexta-feira Santa a procissão do Senhor morto, geralmente se reúnem nesta ocasião bem mais pessoas do que na celebração da morte do Senhor na tarde deste dia. Tornou-se famoso entre os estudiosos da liturgia um artigo de revista com o título: Os sacramentais, os sacramentos dos pobres. O autor deste artigo* pensa de modo particular nas pessoas que, sobretudo no interior da América Latina, raramente têm a oportunidade de celebrar com a presença de um padre a missa e outros sacramentos, onde talvez não há celebrações dominicais da Palavra nem catequese. Aí, mas também muitas vezes onde existe a possibilidade de participar de celebrações litúrgicas, os católicos não iniciados à liturgia, contentam-se com as devoções e até as preferem, porque lhes dizem mais, acham que nelas podem rezar melhor; elas são mais simples, falam mais aos sentidos e aos sentimentos. Não me parece exagerado afirmar que a maioria dos católicos, também no Brasil, pratica sua religião exclusiva ou preferencialmente na piedade popular.

---

* Victor Codina; em: Perspectiva Teológica 23 (1990) 55-68.

2. Quem vive sua fé assim não pode também chegar ao céu?

Sem dúvida, pode. Mas será que o ser cristão se deve reduzir a chegar ao céu? Não se trata simplesmente de chegar ao céu, mas de como aí chegamos. Também os cristãos não católicos e os não cristãos devem e podem ser salvos. Ser cristão é basicamente uma questão de fé, e de fé cristã. Muitas pessoas a quem eu pergunto pela sua fé me dizem que creem em Deus. Também os judeus e os muçulmanos creem em Deus. Como diz São Tiago: "Também os demônios creem, mas estremecem" (2,19). A fé do cristão deve ter seu centro em Jesus Cristo; por ele e a ele devem também rezar e fazer o que ele diz: batizai em nome do Pai, do Filho e do Espírito Santo, ou fazei isto em memória de mim. Sobretudo nos sacramentos e na liturgia em geral Cristo continua presente e vivo na Igreja e no mundo. Com ele e a ele devemos também dar nossa resposta de oração e devoção, especialmente na liturgia.

3. Deveríamos, então, abandonar as devoções e a piedade popular?

Não quero dizer isso. Mas devemos dar preferência à liturgia, porque nela, muito mais e muito melhor do que em qualquer devoção, nos é oferecida a salvação; e mediante nenhuma outra forma de piedade podemos expressar nossa ação de graças e nosso louvor melhor do que na liturgia.

Gostaria de concluir nossa reflexão de hoje com a orientação que o Concílio Vaticano II nos dá a respeito de liturgia e piedade popular: "Os piedosos exercícios do povo cristão... são encarecidamente recomendados", mas "devem ser organizados de tal maneira que condigam com a sagrada liturgia, dela de alguma forma derivem, para ela encaminhem o povo, pois que ela, por sua natureza, em muito os supera" (SC 13).

XX
Liturgia e não liturgia

1. *Nossa fé se exprime e se celebra sobretudo na liturgia. Mas o próprio Concílio Vaticano II, disse que a liturgia é cume e fonte de toda a vida e ação da Igreja, recomendou também a oração particular e a piedade popular. Como se pode distinguir liturgia de não liturgia?*

Existem vários critérios para dizer se algo é liturgia ou não. Lembremos que o Concílio Vaticano II descreveu a liturgia como "o exercício do *múnus* sacerdotal de Jesus Cristo, no qual, mediante sinais sensíveis, é significada e, de modo peculiar a cada sinal, realizada a santificação do homem; e é exercido o culto público integral pelo corpo místico de Cristo, cabeça e membros" (SC 7). Lembremos também que o Concílio disse que liturgia é a celebração do Mistério Pascal. Nisso consiste o exercício do sacerdócio de Cristo e nosso, em união com ele e na força do Espírito Santo. Assim a nossa salvação é levada a efeito e Deus é glorificado. Ora, isso se realiza principalmente pela celebração da Eucaristia e dos demais sacramentos, mas também em muitas outras celebrações, como na celebração dominical da Palavra de Deus, na celebração do Ofício Divino, sem dúvida também na celebração de grandes bênçãos, como, por exemplo, na bênção de um abade ou de uma abadessa, na dedicação de uma igreja, nas exéquias e numa profissão religiosa. Elencando estas celebrações, eu estou pensando principalmente em ritos que constam nos livros litúrgicos que são editados para toda a Igreja, embora traduzidos e muitas vezes adaptados nas diversas línguas dos respectivos povos. Aí temos um critério que também é importante para discernir o que é liturgia: a celebração deve ser reconhecida pela hierarquia, pela Sé apostólica.

2. *Podemos, portanto, dizer que liturgia são as celebrações do Mistério Pascal que são regulamentadas pelos livros litúrgicos reconhecidos pela Sé apostólica?*

Embora seja um critério importante, ele não pode ser considerado como exclusivo. Por exemplo, as celebrações dominicais da Palavra de Deus não são regulamentadas por Roma. Existem instruções romanas a respeito, mas não existe um livro litúrgico, não para toda a Igreja romana, nem em determinados países ou dioceses. O que existe a respeito são apenas subsídios que podem orientar e ajudar as comunidades na preparação e realização destas celebrações. Sobretudo os assim chamados folhetos não têm autoridade nenhuma, a não ser para os textos que eles reproduzem dos livros litúrgicos oficiais, do Missal ou do Lecionário. Vou dar um outro exemplo para mostrar a dificuldade de estabelecer uma linha divisória entre liturgia e não liturgia: a Liturgia das Horas que os diáconos, padres e bispos rezam por mandato da Igreja, é certamente liturgia; mas o Ofício Divino das Comunidades, que tem essencialmente o mesmo conteúdo e a mesma estrutura, não o será?

3. *Podemos então concluir que tanto faz se algo é liturgia ou não; importante é que rezemos e celebremos?*

Não; isso seria uma conclusão desequilibrada, exagerada, errada. Celebrar a nossa salvação e a glória de Deus nos sacramentos, sobretudo na Eucaristia, e nas outras formas universais e de tradição da Igreja desde a Antiguidade, é sempre o ideal. Onde e quando isso não é possível, outras celebrações podem ter o mesmo valor espiritual e salvífico. Mas, em geral, a piedade popular e a oração particular nos devem preparar para a liturgia ou prolongá-la para dentro da nossa vida. Podemos ainda considerar o seguinte: também quem, pelos mais diversos motivos não tem a oportunidade de celebrar a liturgia, pode salvar-se; mas o caminho da liturgia plena e autêntica, como nós o temos na Igreja Católica, é o mais direto e mais fácil para Deus salvar o mundo e para nós o glorificarmos.

SUMÁRIO

INTRODUÇÃO 5

I - Os objetivos da reforma litúrgica
do Concílio Vaticano II 7
II - A liturgia — um momento da história da salvação . 10
III - Na liturgia é levada a efeito a obra da salvação 13
IV - A presença de Jesus Cristo na Eucaristia 16
V - A presença de Jesus Cristo na liturgia 19
VI - A liturgia como exercício do sacerdócio
de Jesus Cristo 23
VII - O sacerdócio da Nova Aliança 27
VIII - Sacerdócio comum e sacerdócio
ministerial no Novo Testamento 31
IX - A relação entre sacerdócio comum e ministerial ... 35
X - A liturgia realiza-se em palavras e sinais 38
XI - Símbolos na liturgia 42
XII - A sacramentalidade da liturgia 45
XIII - Na liturgia nós somos santificados
e Deus é glorificado 48
XIV - Liturgia terrena e liturgia celeste 52
XV - A liturgia no conjunto
da ação evangelizadora da Igreja 55
XVI - A liturgia é cume e fonte da vida da Igreja 59
XVII - Liturgia e oração particular 62
XVIII - Oração particular na liturgia 66
XIX - Liturgia e piedade popular 70
XX - Liturgia e não liturgia 74